Témoignages poétiques

© Éditions Renaissens (membre du SNE)
Collection : COMME TOUT UN CHACUN
ISSN : 2649-8839
www.renaissens-editions.fr

Les éditions Renaissens publient les écrits d'auteurs aveugles, malvoyants, sourds et de toute personne souffrant d'un handicap.

Christine Chantereau

Témoignages poétiques

Recueil

Première partie
FLOU SUBJECTIF

Générique

Et prier peut-être ? Avec les yeux de François. Et rire peut-être ? Surtout de moi. Les singes du bonheur pour compagnons de bois, un vacarme de clochettes lointaines, les astuces du grand là-bas dans un coffret. Pour rien.

J'avais déjà eu mal au cœur, à la tête, aux pieds et au ventre. Comme tout le monde.

Pour les jours de blues serré, les nuits d'argile pâteuse, bien davantage que la bouche.

J'attendais je ne sais quoi ni je ne sais où pour tomber sur ça. Pitoyable.

Au-delà, il y aurait la défaite des clichés : des guerres aux injustices. Les blessures d'orgueil en dessous, les armes sans défense.

En une brassée de maux à équations trop complexes, je croupissais les bras ballants, sans croix ni bannière, espérant décoder.

Superposer un haut-le-cœur. À une lettre près, je serais sauvée.

Une si belle expression : « Hauts les cœurs ».

Le mien saignait en transparence. Amorce.

De l'instantané mis sous pellicule. Dans une tristesse infinie, je respirais à l'envers. Rien de grave.

Séquences : bout à bout
Amorce : panneau de contrôle

Des chiffres en négatif. Réellement, la comptabilité me pèse.

Je recommence. Mesurer, réitérer la mesure, si par chance…

À la volée, d'abord. Je diffère les décisions. Je pense gagner du terrain.

Pendant des années, ils n'y ont vu que du feu. Un vrai ralenti.

Malgré les douleurs juxtaposées aux copieuses mésaventures journalières, j'ai fait en sorte que la tribu ne s'aperçoive de rien.

Dans l'espoir de ne pas voir la montée des eaux troubles, j'ai autoalimenté mon déni indispensable ; viseur éreinté.

Risquer de perdre mon travail, donc défaillir familialement ; ne plus conduire pour aller où bon me semblait. Des rôles. L'ensemble des plans à mixer.

Je n'étais pas prête à l'opacité.

Artefact : travelling

La vue qui bouge ne se dérobe jamais. Elle se glisse dans des espaces très étroits, plutôt familiers.

Chaque jour s'apparente à une nouvelle aventure.

Je me lève. Chaque matin me fait espérer mener à bien ce que je prévois de faire. J'organise, je pense, je démarre.

Alors, la vue qui bouge intervient. Elle oriente, modifie surtout le cours des heures et des événements à son gré.

Elle demeure seule maîtresse à bord du navire qui voudrait quitter le port.

Souvent, finalement, l'équipage reste à quai.

Je prends des rendez-vous, les prépare ou pas, personnellement et professionnellement. J'anticipe beaucoup la manière dont ils pourraient se dérouler en raison de cette vue qui bouge.

La fatigue intellectuelle s'accroche à la fatigue physique. Tricotage de stress. Partons en direction des vertigineuses marches d'escalier.

Hors-champ, je réceptionne les douleurs comme elles surviennent. Très brutalement.

Mon emploi du temps se trouve donc bouleversé par le niveau et la qualité de vision, affectés en symbiose.

Combien de temps va durer cette descente, cette mouvance ? Je me pose à chaque fois la même question. Absence de réponse.

Les souffrances en écho se portent sur les yeux eux-mêmes, la tête dans son ensemble, les cervicales, le dos.

Je prends en plein visage que j'espère impassible, les maux balancés.

Je perds, au passage, de manière répétée, des illusions et des espaces de courage méthodiquement agencés.

J'attends ou j'espère la disparition de ces hauts et bas de ma vue ; l'anéantissement ultime de ces fluctuations déconcertantes.

Vertu magique ou accélérateur de découragement : l'adaptation. Car elle confine la plupart du temps à la sur-adaptation.

Cet acide-là : argentique

L'eau est à l'intérieur. Si j'essaie de l'attirer à la surface, comme une souche morte, elle minaude et résiste. Impertinente, elle choisit de se cambrer et de me rire au nez avec un air qui en dit long sur son exaspération acide.

— Tu ne m'auras pas. Moi j'ai décidé de rester,

blottie. Tant pis pour toi.

J'ai beau secouer toutes les perches ; elles restent figées. Un vrai plan fixe pour un grog d'hiver.

Mes larmes.

Avec le contraste : mes nuits américaines

Plongée dans le prochain tour du monde. Se focaliser sur les bagages, anticiper la météo des pays à traverser. Penser notamment au maillot de bain, à l'anorak, aux vêtements sans manches, aux cols roulés.

Ma vue fonctionne sensiblement de la même façon. Mais dans un intervalle de vingt-quatre heures, curieusement écrasées les unes sur les autres.

Selon le lieu et la saison, j'aurai à m'adapter en permanence afin de vivre chaque instant de la manière la moins pénible possible. Souvent, sans que vous n'en sachiez rien.

Côté pile, pour la version du verre à moitié plein, un boulevard d'ennui enterré.

Pour le côté face, je choisirai d'en pouffer ou d'en pleurer, de me taire ou de m'exprimer sur le sujet. On a toujours le choix ?

De jour et de nuit, je verrai.

De mon trépied : la girafe

Je déteste ce bruit. Je déteste ce froid. Je hais la portée de ces mouvements saccadés où je ne trouve aucune fluidité.

Le corps de métal qui me sert pourtant m'est difficile, et même douloureux à appréhender.

Lui faire confiance. Laissant couler des rivières cachées, je tolère ; malgré les cours de locomotion très précieux, dont les preuves foisonnent.

Je la nomme Iris. La rendre presque vivante, ni humaine, ni animale. Mais la reconnaître en lui donnant un prénom.

« Jacques a dit » : choisis une fleur que tu aimes.

« Jacques a dit » : pense à un message que tu souhaiterais recevoir.

« Jacques a dit » : cherche des sonorités qui te semblent douces.

Iris, messagère des dieux, rien de moins, arbore sa botte secrète.

Bienvenue, chère fleur de couleur violette puisque cette couleur m'est particulière et aimée depuis l'enfance.

Ce bâton métallique ressemble à celui du pèlerin ; enfin, je préfère le considérer de cette manière. Rouge et blanc, chien et béret sur le côté, sac à dos, je sors.

Aimant voyager, l'appel du large, au milieu d'une verdure illimitée, de montagnes solides. Bergère intemporelle, dans la ville aussi j'avance.

Mon banc de montage se tient prêt.

Moteur : on tourne

— Eh, la diva, tu te crois où ?
Tout va bien. Le chant des oiseaux m'a réveillée. Juste un cauchemar.

Le réduire mentalement, le mettre en boule. Dissolution urgente.

De ce processeur abject, je crée à toute berzingue l'antidote : cette journée ne peut que s'améliorer.

Exemple de mauvais rêve :

Trop de soleil ou pas assez. Le parasol est réquisitionné puis exclu. Le volet descendu et presque aussitôt remonté.

Luminaire radicalement éblouissant. Au minimum, rester silencieuse pour récupérer de l'énergie, baisser le regard. Au pire, changement de restaurant inéluctable. Soupirs, ou pire, alentour.

La diva, qui s'ignore sans doute, ne se gargarise pas d'un certain cinéma italien.

Elle, accusée de passer systématiquement en premier pour choisir le meilleur compartiment, la meilleure place, ne prend pas les autres humains pour des figurants.

Simplement, chaque scène de la vie courante lui réclame une concentration démultipliée. Elle peut donner l'impression d'être hautaine, égoïste, froide, directive, lunatique.

Appréciation.

Reflex : repérages

Mes deux pieds ne font pas le poids.

L'humilité détient à mon sens des libérations quotidiennes.

Être humaine ne m'avait jamais rendue meilleure ni plus mauvaise. Cela n'engage que moi de croire que l'industrie du pesage crée et entretient un jeu de dupes, un piège abyssal.

La tête dans les étoiles réside maintenant près de la terre.

Le retour vers le futur commence par ce dialogue à vue.

J'ai patienté, imaginé, projeté l'après.

La source devenue cascade de joies a commencé il y a quelques temps déjà.

La peur n'ayant rien résolu dans mon cas, aller de l'avant a cessé d'être une simple expression. Les questions répétées par mon mental, unique balancier, cassaient l'ordinaire en vampirisant l'extraordinaire.

Le jour où j'ai lâché nombre d'interrogations intestines, ravies de me tirer vers le bas, j'ai compris.

Naturelle et douce, assidue et fantaisiste, discrète et joyeuse, tendre et passionnée, silencieuse et bavarde, secrète et libre.

Ici et ensemble, ailleurs, à l'horizon infini, nous cheminons au rythme de l'échelle.

Entre immobilités, ressources et mouvements aventureux, le binôme vit.

Je suis guidée par toi.

Merci ma belette.

En arrière-plan : vis-à-vis

— Il m'a dit qu'il te trouve jolie ; et belle aussi.

Entre deux séances de shopping, (au fait, je prends la bleue ou la verte ?), j'ai parfaitement entendu mon cœur craquer.

L'amie a doucement essayé de reformuler ses propos afin que j'écoute sans fuir. Puis, elle a développé.

— Je t'assure, il le sait que ta vue est… disons, différente. Bref, tu m'as comprise.

— Je prends les deux robes car décidément les couleurs, j'adore !

Désolée pour la vendeuse. Je n'ai pas toujours le temps ni l'envie d'expliquer et encore moins de justifier mon humour noir. Évidemment, je suis la seule à pouvoir utiliser mes vannes à deux centimes. Ah… Poser les limites tend vers le sacré.

Je sais reconnaître que même pour des proches, l'aventure de la vue autre (je préfère ce qualificatif), ne se présente pas de manière plus aisée que pour moi.

De l'angle au point de vue, les banalités de langage peuvent crépiter dans la profondeur de l'amertume.

Le craquement du cœur se répète. Les mots, au fil des jours, précisent les ressentis.

— Te vouloir forte, en permanence, et même rassurer les autres ne te dispense pas d'être aimée.

Cassant, net, ce ton, puisque je résiste. Je l'avais vue arriver, en gros plan, et avais cru m'échapper cette fois. Raté.

L'amitié sincère s'apparente à des tours de magie. La magie est constituée de surprises, n'est-ce pas ?

Pousser le bouchon plus loin, mes yeux forment

des rigoles. Provoquer des émotions de colère et/ou de tristesse conjuguées a le mérite d'activer les prises de conscience. Ce ne serait ni la première, ni la dernière.

Nota : Pour les robes, les nuances entre le bleu et le vert se fondent entre elles, surtout en situation de pénombre et de candela artificielle.

— Il me voit, donc. De loin, de près, globalement ct en détails. Soit. Je le vois, donc. Autrement, avec mon appareil photo intégré en réglage permanent.

J'éclate d'un rire résolument nerveux. J'essaie de différer en répétant la phrase positive prononcée par mon amie : « Jolie, belle ». Et puis quoi encore ?

À quel moment pourrais-je imaginer, croire la réalité-sincérité du ressenti de cet homme ?

Demain est un autre jour. J'aime cette idée.

— On va à la pâtisserie ? Je vois très bien les gâteaux qui m'appellent.

Floutage : raccord dans l'axe

Heureusement, je sens. Oui, heureusement. Comme les mamans-animaux.

Tu grandis, tu changes, tu évolues et vis ta vie.

Rien n'est plus merveilleux à mes yeux. Et mes yeux…

Ma première pensée, immédiate et violente, après le choc ressenti par l'annonce du diagnostic :

— Nous sommes désolés. Nous n'avons aucune solution à vos problèmes de vue.

Comment allais-je supporter de risquer (à court, moyen ou long terme) de ne plus voir ton visage et ta silhouette se transformer au fil des instants, mon fils ?

Dans l'ordre, le désordre, j'ai donc été mise à terre par l'annonce. Puis, à l'intérieur et seule, j'ai hurlé de rage et de souffrance.

Ensuite, j'ai désespéré et pensé mourir pour t'éviter de voir une mère différente de celle d'avant.

J'ai pensé et entendu en arrière-plan les moqueries, incompréhensions, critiques, réflexions du monde extérieur auxquelles tu aurais à faire face. Totale injustice.

J'ai d'ailleurs balayé en hâte l'éventualité de ta honte refoulée ; aussi inutile que déplacée car tu n'y es strictement pour rien.

J'ai craché la peur de te voir avoir peur à ton tour, de tout, de rien : de perdre (un peu, beaucoup) la vue, toi aussi, si l'héritage ne t'était pas favorable. La peur de devoir lutter, à ma place, tandis que ta place consiste à être heureux, sans boulet ni frontières, sans obstacles creux à dépasser.

J'ai envisagé mon envie de fuite définitive comme la seule alternative. Culpabilisant d'être et de ne pas être, de vivre ici ou de ne plus vivre si le besoin primait. Le temps pouvait jouer avec des manèges de fêtes foraines. Ton courage, ta force, hier et aujourd'hui me laissent sans voix.

Après les yeux, les oreilles.

Les sens me conduisent là où je n'imaginais pas aller, enfant ou adulte.

Les jours où mes yeux ont engrangé suffisamment d'énergie, je me remplis de tout ce que je vois.

Quand certaines et certains me trouvent excessive dans mes passions, mes émotions, mes actions. Vivre vite, vivre fort. Résilience ou existence ordinaire, je suis ainsi.

Je puise dans ma vue disponible l'observation de ton enfance et maintenant ton adolescence.

La participation se présente, à ma guise, en partageant les moments d'exception puisqu'accentuée par une étrange définition des contours.

Peu après le 2 octobre 2017, période incroyablement glauque dans l'oscillation de ma vue basse, à l'âge de onze ans, tu m'as dit :

— Maman, même si un jour tu deviens complètement aveugle, je t'aimerai toujours et tu seras toujours ma maman.
Fermeture de parenthèse.

Je lâche. Malgré leurs tentatives recevables, tous les cours, toutes les séances, écrites et orales, tous les soins énergétiques du vaste champ du développement personnel, de la spiritualité de ce grand univers ne représentent rien pour moi à vivre au-delà de cet élan.

À l'égal de milliards d'êtres avant et après moi, j'ai reçu des coups : du sort, du destin, de pieds, de mains aussi. Il me semble juste de partager ce cadeau. Valeur sans cotation.
S'il aide et fait sourire après les accablements, je prends cette place.

De la science à la littérature, en passant par l'histoire et la biologie, l'étude des langues d'Orient et d'Occident, la chimie qui emprunte ses joyaux à la physique, où les yeux mènent-ils ?
Ai-je finalement besoin et tellement envie de le savoir ?
À 18 heures 50, je n'en suis plus si sûre.

Par la profondeur du champ : autofocus

— Bonjour Christine, tu me reconnais ?

Tic-tac, tic-tac. Horloge imperceptible ou carrément apparente.

Une grue se balance au loin ; je l'imagine.

— Oui, bien sûr. J'ai surtout reconnu ton rire, juste après ta voix.

Pour information, ma bibliothèque auditive interne, en dehors de la reconnaissance vocale des appareils dédiés à cet usage, est en week-end. L'énergie, également saturée selon l'humeur, peut générer un vide intérieur qu'il serait bon d'exprimer. Fatiguée, moins par nature que par les circonstances, surtout si elles se posent lourdement.

J'attendrai, ou pas, le « comment vas-tu ? ».

Telle est la question. Devancer, éluder. Voyons, voyons.

Répondre : « Je vais bien » : inconscience. Piocher dans le déni, l'évitement, l'espérance, quoi d'autre en réserve.

Botter en touche : « Je vais ». Demander des nouvelles d'en face, re-évitement, soulagement avec paix intérieure, de plus ou moins courte durée, en reculant pour mieux sauter. Vive le dépassement des lignes droites et tordues.

Répondre : « Je ne vais pas très bien » pour ne pas dire « Je vais mal » et laisser agir les bulles du cerveau qui fait face. Flasher sur des moments fugaces d'envie de se faire légèrement plaindre. Se souvenir qu'un être humain fait ce qu'il peut, à un instant précis.

Retraverser les périodes de miasmes intérieurs où me sentir moins seule consiste à laisser vibrer la compassion de l'autre côté. Pourrait-elle s'entacher de pitié (le risque zéro n'existe pas), adoubée par la gêne, la peur, bousculant le dégoût de la malchance.

Ainsi soit-il.

Par essence, j'ai curieusement découvert que la mal et la non voyance génèrent des situations cocasses, pertinentes et impertinentes au-delà de toute imagination.

Les totalement voyants (réellement j'adore ce mot) expérimentent en totale conscience ou légère étourderie le détour de rencontres indésirables, connues et inconnues.

Grâce ou à cause de la vue absente, floue, étroite, déformée, *and so on,* un regain d'énergie positive réussit à proposer l'esquive de rencontres… Et des conversations attenantes.

Le pessimisme n'a qu'à bien se tenir, à distance. Allègement garanti. Je me rends service en ne voyant pas venir quelqu'un d'inopportun. La créativité de la vie est telle que je suis généreuse sans effort. L'être rencontré au coin d'une rue n'a nullement besoin de feindre, s'adapter, questionner, essayer de comprendre, appuyer sur la curiosité.

La liberté suprême se cacherait-elle donc là ?

La motivation sainc de l'espace sincère sait parfaitement dépasser la profondeur du champ.

Ni plus courageuse, ni plus couarde que les autres, je déroule à chaque instant la bobine du vivant.

Accentuation : cramée

Merci d'installer au premier rang les strass et les paillettes.

Du brillant. Vous diriez clinquant ?

Rangez-moi, si cela vous chante, dans la catégorie bling-bling.

Déverrouillage de la mollette. L'épée n'est pas de sortie aujourd'hui. Un sourire suffira.

Au passage, vous pourrez reprendre les tons

feutrés, tissus pastels en pagaille.

Mon objectif ne peut plus les atteindre.

Je conserve donc avec aplomb, hors désagrément, les couleurs voyantes.

Formats fétiches de mon cristallin bionique.

Mon angle de vue : zoom

Chercher l'invisibilité tranquille tout en espérant éviter les bousculades me demande d'employer de l'énergie superflue.

Je veux bien croire à une foule respectueuse, dénuée de malice cruelle, je veux bien.

Pourtant, en cas de mal et non voyance, la simple présence peut déclencher une tempête d'inconfort jusqu'aux calvaires.

Panoramique de luxe.

Je ne parle pas de léger vent, en souffle régulier, par intermittence, de saisons étoffées par le retour du beau temps.

J'évoque les orages, les déferlantes sans parapluie, les trombes d'eau avec oubli de ciré, tristement, violemment.

La bascule peut arriver sournoisement ou à la vitesse de la lumière. Coupe pleine.

L'amblyope le sait : sa silhouette fait trembler,

hésiter, douter, rire, craindre le pire, indiffère en silence ou avec grand bruit.

— Elle tourne à gauche ou à droite finalement ?

Dans cette psyché, le masque se désagrège, au retour.

Au milieu de la foule, l'urgence consiste à slalomer plutôt qu'à se diriger, avec ou sans voyant.

Réglage : le scénario

Pas ce rose ici. Celui-là. Vraiment. (Surprise)

— Elle fait semblant, tu crois ?

Sa veste brodée. Magnifique. (Étonnement)

— Elle arrive à voir les écrans, non ? (Mièvrerie)

Le décor de la pièce, une pure merveille. En haute lumière.

— Tu te rends compte, encore une profiteuse du système et des aides sociales. (Colère)

Inclusion quand tu nous tiens : la fête des paradoxes.

Pavé dans la mare. Entre douce compassion et forte pitié, il n'y a qu'un pas, ou un tour de roue.

— C'est fou, elle voit et elle ne voit pas. C'est l'un ou l'autre, pas les deux (nouvelle colère). Je l'ai même vue consulter son portable. (Agacement pointu)

Feindre l'indifférence au lieu d'argumenter, une énième fois. En toute partialité, je décide que la sensibilisation à une cause ou à une autre cause revêt des limites.

Les miennes carburent au besoin de simplicité.

Je vois et je ne vois pas.

De près et de loin.

De jour et de nuit.

Fantaisie, caprice, souhait d'originalité, de singularité outrancière ? Confidence évidente : si cela devait se produire, je préfèrerais franchement d'autres voies.

Point.

Mises au point : en plateau

Je me mets à nu. Je suis nue. Dépouillement intégral.

Parce que tu ne sais pas comment je vois.

Parce que je me demande si je n'ai pas autant le droit, le devoir, de demander de l'aide pour les petits et les grands actes de la vie. Le grand et le petit, histoire de jugement, élément permanent à distancier.

— Peux-tu m'aider ?

L'éternité à mes pieds. Soudain. Car la banalité soulève des pierres. Dessous, tu trouveras des cafards enserrant des trésors.

Je pense à une célèbre émission associant des animaux qui effraient et dégoûtent les candidats pour obtenir le sésame parfait : une clé de sortie du labyrinthe.

Le mythe de la caverne a la vie dure. Pourquoi pas la vie facile ?

Sisyphe et son rocher, l'ouvrage à modeler en permanence. Changeons la pierre en terre glaise, en ajoutant de l'eau. La besogne disparaît, le châtiment en cortège d'expiation de fautes identifiées ou non, réelles et irréelles, se désintègre.

Souffrir n'est pas indispensable.

Aujourd'hui, je demande de l'aide.

Deux options en conséquence.

Tu me réponds par l'affirmative. L'affaire courante se résout illico. Passons à autre chose, surtout toi. Je digère mon audace silencieusement. J'accepte donc ma sollicitation puisque ton regard sur moi n'en sera pas changé. Rassurée, soulagée, je l'avoue. Vulnérabilité, amie et non ennemie.

À l'inverse, si tu ne veux pas m'aider ? Entre le « débrouille-toi seule » par manque de temps, d'envie, par gêne, paresse, volonté de me faire réaliser que je peux (me) dépasser en agissant à ma façon.

J'ai le choix.

Je peux prendre ton refus comme une injustice supplémentaire. Stop : victimisation inutile.

Je peux réaliser que cela sert mon être. Parfois, ton intuition était vérifiable : je réussis à me débrouiller seule.

Retour à la case départ. Ton regard sur moi ne changera pas non plus. Je suis, là, pareillement, sauvée, rassurée.

Dans les deux cas, tout va bien.

Répétition de choix. Selon les circonstances, je décide ou pas de demander de l'aide.

Je ne risque rien. Restant la même personne, j'accueille la compassion sans écho de pitié.

Le temps ne se hâte pas toujours : pose longue.

Mais je réalise, avec un étonnement sans cesse renouvelé, que moi aussi, je peux aider.

Dans l'obturateur : répétitions

— Nous vivons dans un monde visuel.

Le banc-titre m'insupporte.

J'éteins la télé… Ou je l'explose. Il m'énerve lui.

Parfaitement, le grand écran (jamais assez grand au passage). Cette boîte à images privative ; dans la chaleur des foyers. Hum, la blague.

Le cadre est posé. Le sens le plus développé chez l'humain.

Pour mater, dévisager, défigurer, à l'avenant !

De biais, en coin, de dos, programme garanti.

La mire et son miroir.

— Suis-je la plus belle ?

— J'en sais rien. C'est flou !

Même les princesses ont leurs problèmes.

Si je résume, tout est ok.

Imaginons que ma peau est parfaite ; mes cheveux de n'importe quelle couleur (ou tête nue) mais vigoureux.

Rides, pattes d'oies sans galop.

J'occulte boutons à bistouri et autres désagréments.

Regard de braise, tocade des mers du sud et du nord, biche apaisée.

Je bats des cils en rythme.

Bouche en cœur et commissures de lèvres incomparables, sortez les flashs. Je suis prête.

— En pied maintenant.

L'émail de mes dents reflète la blancheur d'un paysage de neige.

Non. Arrêtez les flashs maintenant.
J'ai mal aux yeux.

Retouches : effets spéciaux

En fermant les yeux, j'oublie. Nous nous ressemblons. Je vous prête un bandeau. Vous verrez.

Je lirai vos émotions à ma manière. Vous ressentirez de la frayeur, de la colère, de la tristesse, de la panique. Vous vous réveillerez, heureusement, de ce cauchemar.

Moi, pas.

Je vous rassurerai sur ma vie joyeuse avec le temps dépassé, le filigrane de l'acceptation grandissante (hum), solidement harmonieuse, téméraire.

Je noierai votre condescendance dans un bain de bulles transparentes, donc pratiquement invisibles. Ce cocon en légèreté vous redonnera le sourire. Vous prolongerez poliment perplexité et embarras à l'idée que la vue vous soit rendue immédiatement.

Je me lancerai vers de nouveaux horizons. Accession gratuite au paradis de l'agrandissement.

Nos collimateurs se ressemblent. Plus que vous ne souhaitez peut-être l'envisager.

Sage résolution : étalonnage

Du mal à articuler, à épeler, à orthographier. De case à casse, à une lettre près.

Le « s » en trop, ou en moins, je le vire régulièrement.

Après la porte, il revient, c'est connu, par la fenêtre.

Ce « s » s'agrippe, se referme en auto-suffisance, sauf en moi-même.

Cynique si je le décide, mon parcours non romancé appartient probablement au hasard autant qu'à une détermination antique.

J'ai voulu désactiver, décortiquer, me leurrer d'occupations, de recherches, de l'originalité pratiquement malsaine à l'adoubement innocent.

Sans lâcher-prise, point de salut. Quel bouton magique de compensation !

Sage résolution. Ce « s » du sens en mouvement perpétuel peut rester un mystère.

Si ma vue facétieuse m'entraîne à son rythme, bingo.

J'adore la musique et la danse. Je suis.

La balance des blancs : un effet d'optique

Percevoir les couleurs, camaïeux, nuances, dégradés m'autorise à me rêver artiste-peintre.

Au-delà de la sculpture, des reliefs, des dimensions multipliées, j'ose faire la difficile.

Je demande à découvrir tous les tubes de gouaches dans la gamme du rose. La vendeuse a du cran.

— Oh, j'aurais pu me décider pour du vert ou de l'orange. Aujourd'hui, je me fais plaisir en mode douceur. Donc, testons tous les roses.

Je reviendrai souvent. Quitte à user la patience des professionnels.

— Une malvoyante, tu le crois ? Elle affirme essayer de capter les subtilités des variantes de pigments. Je suis épuisée. Elle prend tout son temps, en plus !

Évidemment que je vais prendre mon temps.

Refuserait-on cet investissement à une étudiante des Beaux-Arts ?

Ma différence ? Laquelle ?

J'ai aimé, absolument, un ancien ton de rose que je souhaite retracer. Il a changé. Peut-être est-il devenu plus pâle, compte tenu des facéties de mon univers oculaire et des éclairages subjectifs.

J'ai le droit de rêver.

Les couleurs et moi, une grande histoire d'amour que je m'emploie à faire durer, coûte que coûte. Le vignettage reçoit son congé.

Mon aberration sphérique : lunettes astronomiques

— Où sont mes lunettes ?

Je grommelle comme une drôle de petite bête. J'oscille entre la colère et rire du ridicule de l'état répétitif.

Spécialiste des courants, des tendances pour les formes et les couleurs de montures ? Sûrement pas. Choisir une paire de lunettes ressemble à une punition et le fait ne date pas d'hier.

Malgré toute la bienveillance (oh, ce mot à la mode, à toutes les sauces plus ou moins piquantes d'ailleurs) et le professionnalisme des opticiens, élire une paire de lunettes me laisse un goût prodigieusement amer.

Réception d'un vent violent, vous sentez ?

Je ne joue pas avec les boîtes de lunettes identiques ou différenciées. De temps en temps, je consens à magnifier l'efficacité en louant l'originalité des motifs, en reliefs.

Le combat fatigue colossalement.

Je souris. Pour zapper les réflexions externes autant que ma déception interne.

Je suis apte à plaisanter sur la similitude de ces lunettes avec celles de certaines stars, chez qui cet accessoire utile ne pose aucun problème. Un charme fou.

Je suis compétente en matière d'ironie sur mes recherches infiniment répétées, lassantes, de ces binocles. Dresser l'humour maladroit sur le mur familier, l'air de rien.

Je peux essayer de perdre, casser, oublier ces précieuses montures que parallèlement je remercie d'exister, évidemment.

Oui, je le peux. Alors, je rejoins mon monde différent… Yeux rouges.

Chambre noire : distorsion

J'insiste. Pour cadrer avec une meilleure compréhension de ma vue de nuit.

Cette chambre noire, dès son titre, a tendance à me glacer le sang. Entre le rejet enfantin et l'attirance plus ou moins morbide pour les situations qui font peur. Chacun ou chacune se reconnaîtra.

Pour ma part, je réalise facilement cvvque la nuit englobe le tout et le rien : le sommeil, la fête, un moment propice à l'apogée de l'imaginaire, quoique. Clap de fin ? Ou rejoue-t-on le même long-métrage ?

Depuis ma vue spéciale, cette nuit a déformé la réception des lieux, des choses, des événements et des êtres. L'hypervigilance plus que la prudence est souvent devenue indispensable. J'en suis éreintée avant tout démarrage. Voie immédiate de balayage d'une grande part de naturel. Je tiens bon. Dommages à l'intérieur, collatéraux ensuite. Conséquence directe : mon enthousiasme en vient à se tarir brusquement.

Une aubaine pour les montées en flèche des complices frustrations-déceptions, ennemis fourbes et détestables.

Incontestablement, j'ai tout intérêt à dissimuler cette anxiété en nourrissant ma force intérieure. Chaque déclin de luminosité valide la tristesse.

L'ego de façade, abrogé. Il ne m'apporte rien de tangible, juste une absence de joie et de sérénité.

Pas d'héroïne ou de martyre qui tienne, au milieu de milliards d'humains aux préoccupations quotidiennes apparentées. Je fais au mieux.

Désormais, je progresse sur un élément génial délaissé par mes soins pendant des lustres (tellement tentant).

Je montre mon visage et mes gestes d'impuissance vis-à-vis de cette évidence.

Les réverbères et becs de gaz me désignent de leurs flèches. Les phares et feux de position des véhicules en tous genres se gaussent de leur violence innocente.

Les décorations lumineuses à outrance percent mes yeux. J'ai mal, tellement mal.

La simple flamme d'une bougie se change en arme cruelle.

Tout spectacle visuel, avec force, barre mon accès à la joie, me condamnant à pâtir, à me mettre en retrait, à fuir souvent.

La moindre ampoule s'acoquine avec le néon en travail d'aiguille.

J'évite les piqûres.

Comment accepter à l'année les conséquences de ma vision personnelle. En vrac.

Oui j'ai peur à la tombée et en pleine nuit : de

tomber justement, de glisser, de me tordre une cheville ou un genou.

Oui j'ai peur de rencontrer une peau de banane, un crachat ou une déjection non ramassée.

Pour avouer la peur d'écraser un escargot, j'attendais d'être prise pour une illuminée, ce qui pourrait m'arranger. Naïve invertébrée ou demeurée, je prends si cela percute.

Comme le chantait Jeanne Moreau « Moi, j'm'en balance ».

Je dépose ce que je ressens, en images miniatures.

L'unicité, malheureusement, me paraît improbable. Il faut bien que quelqu'un ose dire tout haut.

Après la pluie, le beau temps, donc pour la peur, idem.

Après les feux de la rampe, j'assimile. Apprivoiser, me détacher, contourner, remettre en place.

Et poursuivre mon chemin.

Oui mais… J'appuie sur cette expression qui ne ligote pas le dialogue, à mon avis. Ouverture.

Si la peur existe, sur un versant différent, elle me soutient en son rempart.

Je communique avec la nuit, selon mon allure et mon style de vue.

L'appareil :
l'ouverture du diaphragme

J'écris comme je voudrais photographier. Plan large. Focus. Filtres dépassés. Un réglage, une pause.

L'angle me rassure. Champ d'action infini : le rêve.

Ce trépied et la canne assurent la même fonction, je crois. Supporter nos avancées. L'équipe au sommet.

— Œil de chat, presque Cyclope.
— Alors, ton objectif de vie ?
Tu cours après les couchers de soleil.
J'ai besoin de ta main dans ce cas.
Je me réjouis du lever du jour.
Tu m'attires pour garder l'aube amoureuse. Agrandissons.

Trame : sélectionnée

— Pouvez-vous me présenter votre carte ?
— De presse ?
Celle-là, je vais l'éviter. Le ton et la voix de la personne de l'accueil à l'instant T mettent en évidence lassitude et impatience.

Je saisirai une occasion plus enjouée.

J'ai tellement constaté que la provocation, y compris en forme de boutade, ne tend pas systématiquement vers l'amélioration des situations. L'abstention présente des avantages au milieu des flottements.

Je montrerai donc, le plus naturellement possible, ma carte d'invalide/handicapée.

Ouf, c'est fait. C'est dit. Le cumul des mandats ne me tentait guère.

J'admets ce que je ne peux changer.

En fait, les mots n'expliquent pas l'entièreté de quelqu'un.

L'état de deuil, du passé, d'éléments qui me composaient avant, se lit comme un script.

Combien de prises aux fins d'aboutir au résultat espéré par le cinéaste ?

Prioritairement, je délaisse le superficiel. Cible en vue : persister dans l'avancement.

Comme une carte mémoire :
Clap

Pleurer un jour, rire le lendemain.

La surprise parvient à prendre sa place. Les sens se représentent à la vie.

Voir, être vue. Une seule question plane en continu à la surface. Comment ?

Faut-il laisser reposer la préparation afin que le résultat apparaisse…

J'ai trop longtemps fixé la force et le courage en tête avant de rembobiner le film.

Échappant la boîte de pellicules erronées, le constat se rédige par enchantement.

Je marche dessus, par mégarde ou par volonté.

Vite réfléchir à la foule, à la grotte. Deux opposées pour une même trajectoire.

Déclencheur de l'œilleton. Mon armure-carapace tombe.

J'avais oublié certains éléments essentiels.

L'air du vent les souffle.

L'eau du large les emporte.

Le feu du soleil les brûle.

La terre me rend mon cœur.

Lumière.

Post-scriptum

Les pop-corn et autres friandises sont de nouveau autorisés dans les salles de cinéma.

Deuxième partie

LES POÈMES

En accord

Six carrés de mousses de couleurs
Sur le chemin du sémaphore
Les caractères de bois sculptés
Emplissent un écrin rare
Méritent leur chance de demain
Dans l'aujourd'hui
De cette danse

Les nouveaux chiffres
Tu penses bien…
Impossible ne sait pas s'écrire
La famille intérieure
Prépare déjà notre fête

Bleu électrique, mon muscari
Cardiff à ton image
Je lui répondrai
Six carrés de mousses de couleurs
En accord

Ma guitare revenue

Ma guitare revenue
À la vie, au parc d'une joie
Des fleurs

Il est minuit moins trois jours
Tu seras à une force près

Donner à ma maison de rêve
Le silence bienheureux
Nouvelle
En soi, se ressourcer
Au futur des symboles
Voyage d'amour présent.

Royaume à partager

Il était un royaume oublié et serein
Parfaitement réel
Distinguant les bordures de sonates
Mardi envoyait une missive
À la fin de semaine
Plaisantant de vraies patries
Juste au-dessus du rail d'or
Accéder à l'absinthe contemporaine
Mine de rêve, inspiration
Relance de spleen à mettre de côté
Partager, partager.

À ma table de travail

À ma table de travail
J'ai aimé

Te murmurer à l'encre
Les désirs de cristal
Presque sans les toucher
Les mille fois détails

Les lectures acouphènes
Persévérant à rire
Lorsque je me disais
Que je croyais languir

À ma table de travail
J'ai aimé

Magnifier l'horizon inventé sans regard
Gourmandises de paille
Un été en avance
Étincelant

J'ai aimé à ma table de travail
T'inviter.

Je comprends

Je comprends

Le dessus des retrouvailles
Sagesse des paroles échangées
Notre silence est de précieuses pierres
L'or embrase l'argent
Angéliques parts de nos âmes

Je comprends
Le pardessus des saisons
Les boîtes avec ou sans chapeaux
Dedans

Nourritures
Dans le silence de l'inspiration

Je m'essaie à la reliure
En observant les oiseaux

Des tisanes se composent
Jusque dans le carillon
De la librairie
Nouvelle.

Sous les parapluies

Un ravissement de taffetas
Paraissait un brin rétro
La traversée d'un étendard
Appelle le tour de nos cœurs
Cabine ou radar, lumineux
Sous un même parapluie
La chaînette du hasard

Une mèche de cheveux
Enroulée
Par mes doigts un brin désinvoltes
Je n'avais pas remarqué
Appel, au cours de nos cœurs
Écrin ou phare, brillants
Sous un même parapluie
Les champs du hasard.

Vitesse d'élixir

J'ai vidé l'eau de mes cendres
L'impasse au creux d'une avenue
Pont à l'ivresse du catamaran
J'observe, les yeux fermés,
Bien plus clairement
Que ta longue vue
Je soigne mon entrée
Vitesse de mes lenteurs
Froisser encore
Froisser toujours
Ce carré découpé
Le Finistère m'accueille
Je remercie ses racines
Qu'il me transmet.
Je remercie sa distinction
Le mât permet la renaissance.

Sérénité offerte

Les câlines d'atmosphère
Me donnent à réfléchir
J'ensevelis mes bagues
Au millième de micron

Parades atmosphériques
Carafe interchangeable
Une marche et je traîne
Le mot du défaillant

Lecture intemporelle
Ou départ précipice
Jacques me dit de danser
Mes courageux réveils

J'irai chercher l'anneau
Qui deviendra la vague
Sérénité.

Veines

Veines à visée absurde
Si deux notions à déplorer
Langues de fiel
Veines cependant ridicules
Nous espérons

Veines à visée déroutante
Asphalte monumental
Longer le port attaché
Jaguar me répondra en riant
Dès que le monde aura cessé
De mordre.

La décision

La pièce manquante descendait
Divisait la levée du soleil
En deux parties égales

Pour une insomnie curieuse
Je cheminais sans peine, pareille
Mon audace poussait

Auprès des papillons
Patience, à leur endroit
Je rêvais de sillons
Cachés, au fond de toi

Le temple du Tibet
Me comptait mille roses
Ce parterre d'amour
Dressé par les saisons
Me conduisait
Dans le livre-maison

Enfin rassasié de tes errances vaines
L'arbre qui te couvait
Avançait mon prénom
À ta venue soudaine

À l'heure

À l'heure de tous les possibles
Comme un départ en vacances
Hors de la tiédeur des draps
Ambre fraîcheur du matin
Cette destination rêvée

Aux heures de la possible vie
Lorsque je croise les anges
Par leurs mains accompagnée

Les heures disent ce jour
Ce jour parle à nos heures

Le sourire d'un retour
Et là je n'ai plus froid
Voyages.

Le nom du parfum

Le nom du parfum
Avant tout
La suite des effluves
En miroir, comme ce fleuve
Aurore a découvert ton talent.

Ni furet, ni salamandre
Démarche sûre, pose gracieuse
Je réserve les places
Des carnets à relier.

Le nom du parfum
Après tout
Compagnie abordée
L'équipage grandit
Il contient nos adages
Nos chères têtes amies
Les racines du monde
De coussinets en pieds
Car le nom du parfum
Embaume dès l'été.

Simplement lumière

Simplement lumière
Le mur tombe
La porte ouverte
Mon logis s'agrandit
Dans tes pattes de vie
Lumière renouvelée
Nos voyages commencent
Notre nouveau travail
Se clarifie.

L'ambassade ignore les bureaux
Les portefeuilles sont remplis
De passeports
Guides, à nous 2
Simplement soleil
Partager l'oraison
Encadrer les fenêtres
Pour le bien des saisons.

L'accord des paysages

L'accord des paysages
Espaces de points suivis
Terres agiles d'inspirations

Quand le vent se lève
Quand le vent se couche
Où d'ultimes cadrans
Disparaissent dans les bras

Apprendre, désapprendre
Tapotements doubles
Un parterre de fleurs
Se répand, harmonique
De Granville à Honfleur
Je souris aux arpèges

Vois.

Chemise d'hiver

Aspérité parsemée de ton espoir
Montréal tournoie en plein jeu
La chanson d'un coquelicot
Apparu, d'octobre à tous les mois.

La chemise d'hiver
Connaît les années
Patience connaît la pente ascendante
Le repas préparé
Fumant d'épices
Bach t'inspire
Fleurs me déterminent
Gentiane et centaurée sont miennes
À ta rencontre.

Mon alphabet des billes

L'alphabet du sac de billes
Répond
Marcheur celtique
Élan transmis
Cristallin magicien
Amande légère

Campagne
Lisse cette arête des arbres
Sculpture de mon thème
Les nombres désinvoltes
De votre anniversaire

L'alphabet pour mêler nos lettres
Paradoxes et perfections
Souffle du canidé
Brillant

Damier inoffensif

Je pense à ce dimanche
Fibre
Abonder dans ton sens
Tu peux t'emporter
Je sourirai à nouveau
Te laisserai tempêter
Et dans le soir
À pas d'animal ne sachant
Comment venir à moi
En parlant peu

Écris donc
Tu tournais le dos à l'océan
Tandis que je suivais l'autre mer
Damier inoffensif
La piste, d'île en île habitées.

Légère de mer d'Irlande

J'irai, par ce chenal important
Parler à la mer d'Irlande
Pour tes papiers insolents
La boîte de pastels sous mon bras
L'ange tend les mains
J'irai, près du goéland flou
En missive opportune
Une raison de vivre
Toutes les vraies semences.

Juin, boussole aplanie
Fleurs de cerisier
Tu iras
Dire à la mer d'Irlande
Fée du globe

Nous arrivons.

Parfum de vie

Le parfum qui me conduit
Un pas
Une empreinte
Sur un coussin de soleil

Un pas
Deux silhouettes au crépuscule
Une marche de flore
Souligne les merveilles

Le parfum accrocheur
Attentif et serein
Des pas sur les empreintes
Aujourd'hui m'accompagnent
Chantant les lendemains

L'au revoir

Je ne te quitterai pas vraiment
En longeant un autre sentier
Tu resteras en moi
Comme un cœur palpitant
Une envie de nature
Posée à l'arrivée
Pour y puiser grand vent

En te laissant au port
Je garde en mon sommeil
Eternels voyageurs
Les corsaires anciens
Un marcheur je le sais
M'attend à son destin

L'eau, à revoir, inlassable
Répond d'un côté à l'aube
De la grande Armorique
Ton ami l'océan me fait signe
D'un trait

Il est temps de croiser mes lentes Amériques
Je la suis
Une partie du Sud en moi
Réclame ses espérances
Joyeuses indomptables
La carte étend son harmonie.

Par la pensée

Par la pensée saphir
Sur un air clavecin
Je traîne l'idée
De rappeler des nombres

Par la douleur, devine
Je traîne la pensée
D'un rappel englouti

Sur le jour qui s'arrête
Sur la nuit perdue de sa lenteur
Il siège à mon exil
Un regard assoupi

Dans la pudeur des mots
Chahutés et profonds
Il siège à mon retour
Un oubli de campagne

Et je traîne l'appel
À étreindre la nuit.

Les fleurs en bien

Magnolia et Lily
Le cœur
Main dans la main
Sonorité d'estime
La Vérité se remarque
Me donne le sourire

Pour une page immense
De la mer avancée
Notre langue se comprend
Elle n'est pas différente

Muguet en fantaisie
Corolle de douceur
Mon chemin allégé
À la belle fortune.

Magies

Toutes les magies de mon cœur
À la vague

Transparence
Cette lumière de cils
Que je pleure et alterne
En ce désert sensible

Je mélange les sels
Les magies de mon corps
Sont un monde à refaire

À Lune, si lucide, j'ai confié
Ma peine entre deux sages
Quelconque à son parcours
Ma joie de te revoir
Au plus haut
Cher amour.

Comme hier

Prendre ta main près du cytise
En attente de marque-pages
Pluies d'or
Coques de tendresse préparatoires

Trèfle qui danse
Lumière revenue

Prendre ma main près de l'arbre doux
Pages à remarquer
Aujourd'hui.

Les deux aiment

Les deux aiment, se parent de valeurs
En complément de nos voyages
M me devance
M me suit

Les deux aiment, abritent nos soirs
Pour élargir les visions
Du monde grand
Du grand monde

Car entre vie et mort
Il n'y a qu'un contour
L'espoir rejoint cette espérance
Maïko aime Maïka
Prunelles noires
Prunelles blanches
Maya la sage en intervalles,
Veille

Les deux aiment
Se comprennent pour toujours.

L'écouter respirer

L'écouter respirer

Des parcelles attentives
Dans un futur habité
Simples mélodies

T'écouter respirer
Après des brumes craintes
Recevoir un écho
Comme un versant d'étreinte
Aucun ciel n'est de trop

Vivre encore

Du parfum à verser
Du parfum à créer

En une seconde
Écouter
Respirer.

Glisser au vent

Je suis de nuit
L'étrange caravelle
Qu'un abordage ferait sourire
La perfection soudaine
Caravane décorée d'épices

Je suis de nuit
L'étrange paquebot
Qu'une imagerie désuète
L'imperfection au ralenti
Piments d'arbres aux délices

Je suis de jour
En reflets lumières
Des bateaux sûrs
Aux coques fortes
Pour les connaître
Sans les avoir touchés
J'embarquerai
Si l'un s'endort.

Mon laissez-passer

Pour laisser passer les orages
En impressions et lettres d'or
Sur une toile
Que tout endort par surprise

Un vent interpelle l'harmonie
Chasse le spleen, montre son fief
Par courant des terres d'Arménie
Donner relief à nos récifs

Pour laisser passer les plus sages
Trois bouts de tunnels
À mûrir
Cantate et vaguement charnelle
Mes mots anciens à notre accord

Près du soleil

Mon soleil
Parce que descendu
Des nues et des audaces
Je te sais ralentir
En mon cœur sans menace
Par tes retours laissés
Par ceux que tu espères
Ces pirouettes du passé
Ne clament que nos affaires

Mon soleil
En lançant les saisons naturelles
Aux meubles de capitaines
Pour un rhum petit
Précédant un grand jour
Sereine
Je dis

Mon soleil
Éclairant une bergère
Ayant cru renoncer
Toi, soleil.

Coffre-Trésor

Du coffre mis à mal, des broutilles
Réparties en cases immenses
Garçon de farandoles
Expressif dans son silence abstrait
Clairement ténébreux

Sur les bords de Garonne
Une image résonne en huit
Sa partie cachée se prête
Sa partie dévoilée s'enthousiasme

Au cœur de l'âme franche
Du coffre échappé
Les parures du soir.

Le nouveau livre

Le nouveau livre
En étage impair
Pour la berge choisie
De touches en étincelles
Des transports-battements

Le nouveau livre

Marquages se conjuguent
Missiles en différence
Je ressens tes paumes
Caressantes sur les sourires

Le nouveau livre contient
Cette clé si présente.

De la mer à l'océan

Vos vents se croisent
Nos doigts s'intercalent
Si
Les lames représentent les questions
Mer ou océan

Je pars pour être entre deux eaux
Nos vents se calent
Sables identiques

Nos vents se lèvent
Gouvernail aimanté
Prélude à la célébration des pépites d'eau

Reviens mon ange
Les vents approuvent.

Mon angle de vie

C'est mon jardin anglais
Ourlé de parenthèses
Que je cultive en songes
Pour la nature secrète
Dune, auprès d'un bassin
Tu peux sourire maintenant
Je t'assure que le temps coule
À perte de vue

C'est dans ce jardin-là
Mythique à découvrir
Qu'une vague a pensé
Se laisser dériver

Par chance de sourdine
De larmes délestées
Un cahier de jeunesse
Subtilisait l'orage

Et la vie qui est mienne
Clairement
Dans les ondes tournées
Dans les perles terriennes
C'est un jardin du monde

Place nette

Planète
Place nette
Paraître
Te faire apparaître au comble des étoiles
Planète

Course d'emphase
Tandis que la marche se fait lente

La vitesse de la lumière s'harmonise
Place nette
Planète.

Sentiment porté

Par la porte déridée
Un soleil de deux minutes
Mes parapluies multicolores
Perchés dans le ciel
Familiers d'un temps perdu

Le promontoire se lève plus haut encore
Fier et ardent de ses trouvailles

Je le serre dans mes bras fins
Aussi fort que mon cœur appelle

Coulent des larmes sèches de vie
Passé pluvieux
Le bec dans l'eau que l'expression affectionne
Un sage médite les yeux fermés

Par la porte qui s'ouvre
Ma maison de l'intérieur
S'illumine

Balades

Envol de circonstances
Perspectives audacieuses
Le tour du monde
De l'anse à la pointe

Balades
Ce sont mes mots
Balades
Ce sont tes gestes

Envol de circonstances
Automne apaise Mars
Dieux créatifs en ballon
Balades

Construction des toits

Construction mon ami
Sur les toits
Nous filons, en vie
Parce qu'un mur peint
Se prend pour un royaume

Construction mon amie
Sur les toits
Où se placent les ombres
L'érable du Japon
Ouvre la grille et sort

Les grillons décalés
Développent une saison haute
Les goëlands pressés tout à coup
Se dispersent

À portée de maison ronde
Un boyau se détache
D'un tremplin sûr
D'un murmure miel

Sur les toits mes amis
La parade arc-en-ciel

Vanneaux de jour

La sphère en double
Des airs plus tôt
Parce que des vanneaux de jour chantent
Couvrent leurs nids venteux
Une branche après l'autre
Une feuille devant l'autre

L'Italie à nos portes
Caressante, sucrée
Lucides ces oiseaux

La sphère double
Comme un végétal se tannerait
Pour tes baisers espérés
Le songe à nos côtés.

Nez

Le nez au vent
Il éloigne les peurs
Les arbres à l'infini nous poussent
Observez leurs feuilles nouvelles
Sans froisser leurs pattes de vert
Joyeuses tenues se rapprochent.

Le nez au vent
Sensibilité de lune bleue, le pari
Fougère-bruyère lentement
Un quart de lumière
Rideau d'amour maintenant
La personne est en face
Toi, nez au vent, tu suis la trace
Comme toi, nez au vent
Évidemment.

La croix sur le carnet

En terre merveilleuse un chant
La croix sur le carnet
La haie du futur
Pour une ronde assagie
Exprimée, illumine l'arpège.

Un bosquet du présent
Pour une croche choisie
L'humanité respire
Du sommet aux étages
Ce jour de cataclysme
Hors sonnette d'alarme.

J'ai repris mes couleurs
En dunes de douceurs.

Marie brillante

Marie brillante
Réchauffant ces prodiges
Perplexes d'incertitude

Nous sentons le métal devenu or
Je cite un jeu d'écritures
Devenu dialogue

Les fêtes applaudissent
Grottes ou cabanes

Sous une cloche de verre
Neige revient
Sous une cloche de cristal
Neige devient
La seule évidence.

Brumes et reliefs

Tourtereaux en reliefs
Cette décoration
Brumes chantantes
Sept générations nous donnent
Le soleil à raviver

Tourtereaux en reliefs
Brumes dansantes
Cette décoration ardente.

Le sens du mot

Un manteau de satin
Me parle d'une époque
Reflets d'âmes envolées
Jeux doux se sont liés

Une cape et des gants
Près d'un amour nouveau
Quand l'arche d'une alliance
Vient redonner du sens

Laissant porter les flots
Qui vaguement trottinent
Le voisinage du ciel acquiesce
Plus bleuté

Mon manteau de satin
Aime lire les abeilles
Un grillon très léger
Transformé en éveil
Audace.

De plumes et de roses

De plumes et de roses
Je dévoile un secret
Sommet d'une montagne
Enneigée, force agile
Le jardin traversé
À l'humeur tranquille
De plumes et de roses
Rien ne devient fragile.

La souris et l'hippopotame

La souris en périmètre
Le dernier jour de sa vision
Croisa l'hippopotame immense.

Ses craintes aussi fortes que sa raison
Lui avaient fait prendre patience
Sans un mot, autour d'une tasse
Les breuvages allaient voguer.

J'opérais des malades fiévreux
Au bord d'une rive presque transparente.
Côtes après côtes
Souris et hippopotame
Passèrent.

Alpha

Alpha s'installe dans son ombre
La clé, après la banquise
Mémoire de jaspe
La peau senteur d'ambre
Balancelle ancrée

Alpha, légataire d'un arbre supérieur
Brindilles agrémentent le vase
Karma juste

Aimer ne se mesure pas.

Halo du temps

Le halo me fait face
Je lui souris
Sans perdre une graine
Si la lumière vacillait
Elle n'emporterait pas mon âme.

Les verres savent être discrets
Je leur souris parfois
Le halo me fait face
Une lance transperce un cristal.

Grève déserte, objectif net
L'équilibre prend la pose
Le halo ne commande plus
Je vis
Et le temps même voit autrement.

Rayon de lune

Rayon de lune
Les pierres entourent des nuages
Fixe ce point
Ton bateau, plus que barque
Amarre l'hortensia surpris

Lune en rayon
Un sage pour mise en avant

Rayon de lune
Le cœur battant.

Matières

Détailler le cours des collines
Similitude de pages
Cacheter cette lettre
La rendre pluie d'étoiles

Qu'un parchemin trace
L'apparence d'un coffret
Ciselé et fin
Les nuances de près
Tellurique surface

Qu'un parchemin trace
Une habitude d'art
Recouvre cent mouchoirs.

Le même poème

Brise, contour de vent universel
Ecrire le même poème
À une autre époque
Dans le sac que le dos approuve
Flatté par son cœur
La structure apparaît
J'aime.

Le même poème
Celui-là te confirme
Que derrière le rideau
J'aime.

À l'approche

À l'approche
Bord de scène
L'autoroute manqua son péage
Revenue à des routes de campagne

Ton sourire avait plus de charme
Que les magazines classés.

Loin des bunkers éteints
La pirouette du nuage de lait
Sur ton café brûlant
Fit un geste important
À la veille de te retrouver
À l'approche.

Devant

Coton ou toile
Saison d'été du champ de blé lumineux
Une théière encore fumante
Rythme ce nouvel adage
Devant

Au-delà de la tempête
Devant.

Sur la surface attendrie

Sur la surface attendrie
Un détail poudré
La boutique du graveur
Espère offrir son cœur.

Sur la surface attendrie
L'onde puissante protège
De ses bras langoureux
La boutique du peintre
Espère offrir son cœur.

Les dialogues

Je remonte la couverture
Pour ta subtilité
Subjuguée par un âge de montagnes
Quelques papiers restés dans un joli recoin.

Au plan des constellations peintes
Une parole attire une poutre contournée
Tu remontes la couverture
Vers un dialogue déjà commencé
À tout jamais.

L'avant

Derrière l'avant
La guitare se désaccordera
Si nécessaire
Laisse
Le concert donner la décadence
L'orchestre en entier
Parader.

Dans un atelier, à l'abri
Observer le faiseur d'instruments en silence
Lui souffler une présence.

Laisse
Les cuivres se déhancher
Un parfum me griser
De l'intérieur

Si nécessaire
Au soir du grand spectacle
Laisse
Redis-moi bonjour.

La mer si près

La mer si près
Se déplace et ondule
Sans attendre
Sa bouche approche le visage
Marée basse en curiosité
Marée haute bavarde

La mer si près
Cette profonde inspiration s'étale
De galets en étoiles
Les jours se ressemblent, apparemment
Comme les écheveaux s'unissent
À la mer si près.

Les points du cœur

Sur les toits en losanges
Paresses de quelques neiges
Un crissement étonne
Autant qu'il s'évapore

Une grue du lointain
Danse pour le vent d'Est
Quand le Verseau prépare
Tranquillement ses yeux

Comme des pieds glacés
S'abritent, presque coquilles
Les points du cœur ajournent
Les points du cœur modèrent

Pourtant si tu les touches
À travers ton autre regard
Je te comprends.

À tes côtés

À côté de toi Babylone
Souffle les airs
Plaine à sourires

Babylone reconquise
Plaine de beaux souvenirs
Marquante de l'herbe tendre

À côté de toi
Le songe-soleil
Pluie de messages.

Ma bande dessinée

Ma bande dessinée
Tu la connais
Suis-moi

Bhoutan après Pérou
Pourquoi pas me diras-tu

Protégeant mon intérieur
Aller de ville en ville
Graphistes futurs
Musiques à persuader les anges
Puisqu'ils savent tout de nous

Ma bande dessinée
Famille je vous aime
De là-bas et d'ici
Aimons, donc.

Vénus et Jupiter

La tendresse en préambule
Soir, mon paradis retrouvé
Jupiter, Vénus
Si compréhensifs
Evidents à suivre
Hokusaï par immenses vaguelettes

Ourler les blancs
Soleil-Lune, passion durable
J'interprète mon cœur respirant

Vénus et Jupiter
S'aimeront à présent.

Ton profil

Ton profil se distingue
Levant les yeux au ciel
La couleur invisible
Fait rayonner ta bouche

Pour exprimer tes charmes
Tu passes par le cœur
Croire en la vie d'aimer
Magnifie les espoirs

Séchant les pleurs du ciel
À retrouver le Tout
La couleur invisible
Fait rayonner ta bouche
Pour exprimer l'amour
Ton profil se distingue.

Libres chevaux

Je suis un cheval libre
Printemps cabre les précautions
À découvrir

Intérieur décoré
Prétexte d'école
Amour universel

Tu es un cheval libre
Toutes saisons
Magnifique pelage

Nous sommes des chevaux libres
Qui ensemble
Prient.

Le goût suivi

Je suis le goût d'aimer
L'âme des tourterelles
Leurs murmures en esquisse
Se parent de joyaux

L'apparition s'invite
Dans une aube adossée
Aux lumières des maisons

Alentour les portraits
De gracieux pages en vert
Timides à se cacher
En osant leurs contraires

Je suis le goût d'aimer
En visible montagne

Je suis le goût de toi
De la mer en campagne.

Ode bleue

Tour de mer calme la rivière
De l'autre côté de la rive
Le ciel se double en un rayon
Par le soupir laissé à l'arrière
Le vent apaise, le vent comprend.

Le rayon
Magicien de décombres
Entend voler dans les cristaux
La mer qui embrasse l'océan

Ode de douceur
Bleue.

Le parc des moulins

Le parc des moulins
Attend Neptune en si
Dévergonde un tiroir
Pour se glisser dedans

Le parc des moulins
Devance Vénus en sol
Attire une psyché
Pour se glisser dedans

Le parc des moulins
Prépare Mercure en do
Caresse des bureaux
Pour se mettre au travail

Le parc des moulins
Aime le vent de vie.

Les heures de thé

Les heures de thé
Avancent en cadence
Le nombre de tasses
Se minute en duo

Par un effet certain
Sonates et basses en douve
Les manières d'apprendre
Suivent la vie qui veille

Les heures de thé
En alchimie, sommeillent
Quatre mains près du cœur
Se conjuguent en duo.

Le panier de cerises

Un panier de cerises
Et l'été se dévoile
Un pas vers le vertige
Des pas vers les étoiles

Un panier de dahlias
Eclatants de lumière
Crépitant dans l'instant
Par-dessus les paupières

Un panier de rubans
Couleurs des mille jours
Et l'abat-jour se lève
Pour se parler d'amour

Tressé des jours heureux
Porté par ces aimants
Un panier de cerises
Offrira ses instants.

Il est un mont

Il est un mont
Et des montagnes
Un croisement, de belles enseignes
Au carrefour d'une escarcelle
La vie se dit en deux sourires.

Il est un val et des vallées
Reliefs doux à grande image
De rires en places exactement
La vie se dit en y pensant.

Respirations qui se balancent
Aux jours nouveaux, entrent les danses
Dimanche dort, photographies.
Le monde dort, la vie unit.

J'offre au hasard

J'offre au hasard
Un présent fabuleux
Les mélodies chantées
Aux parades du temps
De nos deux

J'offre au hasard la multiplication
Silencieusement faite
À l'étage des couleurs
Les textes coloriés
Aux parades du temps
De nos deux formes

J'offre au hasard
L'espérance posée
Aux parades du temps
Toi et moi
Nos pensées

Parure de temps

Parure de temps
Siège impossible
Parcourt le sang
Pâle, invisible

Parure de temps
Figure de style
Au ciel changeant
Des bleus faciles

Temps apparu
Cratère de glace
Temps disparu
De lac et place

Parure de temps
Horloge en l'air
Se jouer du temps en atmosphère.

Clamer ce temps

L'eau se fait rare
En ces temps précieux
La salive du jour d'avant
Atmosphère inhalée à pente surprise

Clairement calme
J'immerge avec bonheur ce son
J'aspire avec saveur ce silence
Mes particules réintégrées chantent
En inaudible clarté

Balancer l'or du monde
Sous les siestes vertiges
Bigarrer une pierre
Pour la rendre translucide

Dormir au creux des rêves
Laisser de brefs bavardages
Les tapis en reliefs
Murmurent à mon réveil.

Soirée douce

De rebelle atlantique
Un bois se définit
De silhouette pacifique
Le nu se met à l'ombre

Un passage au soleil
Une percée des ombres
Ton sourire tournesol
Dans le flacon des ondes

J'accomplis les desseins
Si le dialogue nous livre
Un été d'or sans fin
Un parement de vie.

La ronde

La ronde mon amour
Ne se fractionne pas
Elle apparaît au monde
En un joli flambeau
Le lumineux destin
Les étages à aimer
Apprécient les tendresses
Allongent les journées.

La ronde mon amour
Se partage, miracle
Les faisceaux de nos âmes
Scintillent sur nos mains
Dans les villes on murmure
Qu'il est temps de s'aimer
Aux portes des montagnes
Au cœur des champs de blé

À l'arrivée des jours
Douceur.

Quand la fleur du bonheur

Quand la fleur du bonheur
Se mire dans l'azur
Tisse ses fils subtils
Au canevas du cœur

Je songe

Quand la fleur du bonheur
Assemble ses clochettes
Recompte jusqu'à treize
Sur le bord de ce quai

Je sens

Quand la fleur du bonheur
Se distingue avec joie
Simplicité sereine du ventre entre la foi

Je t'aime.

Ma veste de lune

Ma veste de lune
Si je l'ai tant portée
Redevient un royaume
Au moment du coucher
Elle permet les voyages
Je signe un vêtement
Que le désir emmène

Ma veste de lune
Mille fois retournée
Se nourrit de mes rêves
Un à un coloriés
Le tissu affiné, les broderies discrètes
Entourent mon milieu
De ses habits de fête.

La parade des ailes

Table ouverte à l'amitié réveil
Le balcon se découvre
Silence apesanteur
Les perles intérieures prolongent la pensée

Chaises installées à l'amour en aubaine
Le balcon se découvre
Silence apesanteur
Les perles extérieures prolongent la beauté.

Dansons.

Une dame de plus tard

Un jour je serai
Une vieille dame
Pays bohème, page classique
Entre mes dentelles rétros
Parmi mes couleurs bagatelles
Je saurai la musique en mots
Celle qui dure dans les temps

Un jour je serai
Cette vieille dame
Poudrée de riz et blush rose
Pour que toujours je me dépose
Entre mes robes, capes de fée
Celle qui t'inspire d'un baiser

Un jour nous serons
Des dames vieilles
Gourmandes encore
De tant de rires
Par les joies partagées en lyre
Celles qui sèment en liberté.

L'acrostiche

À mon cœur
Sonné par l'éclatement d'un vaisseau
Sa cuirasse vacillante permet le sol solide

L'acrostiche en bannière
La bannière de mesure
Aimer se doserait-il
Un page en est surpris

À mon cœur
Donné par l'ensoleillement d'un vaisseau
Son armure adoptive se fissure
Et vit
Instant après instant.

Parce que les oiseaux chantent

Parce que les oiseaux chantent
Et leurs cœurs se répondent
Un quotidien brassé
Par les pluies de soleil
Ils se marient

Parce que les oiseaux chantent
En un tour d'hirondelle
Deux prénoms alignés
Au bord de l'éternel
Ils se marient

Parce que les oiseaux chantent
Enchantés de leurs airs
Les montagnes inclassables
De campagnes en mers
S'aimeront à leurs tables

Ils se marient.

Si j'entends

Si j'entends
Le détour d'un beau rivage
À son clapotis de lune
Parmi les diamants reflétés

Si j'entends
Ta silhouette presque frolante
À tes mains approchées, caressantes
Parmi le gazouillis d'oiseaux diurnes

J'entendrai ou bien non
J'écouterai plutôt
Sons presque devenus sonates
De mes tendres oreilles
Assurément.

Vraiment Petit Prince

Vraiment Petit Prince
Dans la cour sans école
Le rire des enfants
S'élève et dix bémols
Solitaires à demi
Charmeurs de tour de verre
Preneurs de l'infini

Vraiment Petit Prince
Interrogeur de baies
Marquant de ta sagesse
Une profondeur lente
À venteuse délicate
Je saupoudre de fêtes
Des nuages d'Alicante

Vraiment Petit Prince
Samedi te raconte
Un parfait de délices
Nuitée sableuse ou verte
Prête à gagner des rixes
En battements choyés

Vraiment Petit Prince.

Le dessin de la porte

Le dessin de la porte
À ouverture prolongée
Écoute l'eau de pluie
Tombant à dérober

Les larmes de bienvenue
Croisent la voie lactée
En un crayon pastel
Allumé par mes songes

L'eau coule, l'eau roule
Souhaite dévaler les radars en corbeille
Pour mieux se décorer
À l'amour des merveilles

Le dessin de la porte
Ressemble à cette clé
Que j'avance et emporte
À te faire voyager.

Braise d'écorce

Sur l'écorce de braise
Un feu de sel nourri
Reclus en cette grève
Qu'un désert engloutit

Fumoir et encens dur
Se jettent en propagande
Leur calumet pressé
Marie toutes les langues

Sur l'écorce une braise
Grattant par dévidoirs
Les scaphandres parés
Sauveront les espoirs

Tableaux cuivrés et ors
Majestueux sans lutte
Adouciront ma peine
Aux sauvages minutes.

Je bois le silence

Je bois le silence
La feuille transparente
Son message discret
La veille d'agapanthes
De chemins en dédales

Je bois le silence
Nectar aux mûres sages
Parfaitement habiles
À tendre les regards

Pliages aventureux
Immobile allégresse
Je bois tous les silences
Egrenés de tendresse

En carillons.

TABLE DES MATIÈRES

Première partie
Flou subjectif

Générique, p. 9
Séquences : bout-à-bout
Amorce : panneau de contrôle, p. 10
Artefact : travelling, p. 11
Cet acide-là : argentique, p. 12
Avec le contraste : mes nuits américaines, p. 13
De mon trépied : la girafe, p. 14
Moteur : on tourne, p. 15
Reflex : repérages, p. 16
En arrière-plan : vis-à-vis, p. 17
Floutage : raccord dans l'axe, p. 19
Par la profondeur du champ : autofocus, p. 23
Accentuation : cramée, p. 25
Mon angle de vue : zoom, p. 26
Réglage : le scénario, p. 27
Mises au point : en plateau, p. 28
Dans l'obturateur : répétitions, p. 30

Retouches : effets spéciaux, p. 32
Sage résolution : étalonnage, p. 33
La balance des blancs : un effet d'optique, p. 34
Mon aberration sphérique : les lunettes astronomiques, p. 35
Chambre noire : distorsion, p. 36
L'appareil : l'ouverture du diaphragme, p. 40
Trame : sélectionnée, p. 40
Comme une carte mémoire : clap, p. 41

Deuxième partie
Les poèmes

En accord, p. 47
Ma guitare revenue, p. 48
Royaume à partager, p. 49
À ma table de travail, p. 50
Je comprends, p. 51
Sous les parapluies, p. 52
Vitesse d'élixir, p. 53
Sérénité offerte, p. 54
Veines, p. 55
La décision, p. 56
À l'heure, p. 57
Le nom du parfum, p. 58

Simplement lumière, p. 59
L'accord des paysages, p. 60
Chemise d'hiver, p. 61
Mon alphabet de billes, p 62
Damier inoffensif, p. 63
Légère de mer d'Irlande, p 64
Parfum de vie, p. 65
L'au revoir, p 66
Par la pensée, p. 68
Les fleurs en bien, p. 69
Magies, p. 70
Comme hier, p.71
Les deux aiment, p. 72
L'écouter respirer, p. 73
Glisser au vent, p. 74
Mon laissez-passer, p. 75
Près du soleil, p. 76
Coffre-trésor, p. 77
Le nouveau livre, p. 78
De la mer à l'océan, p. 79
Mon angle de vie, p. 80
Place nette, p. 81
Sentiment porté, p. 82
Balades, p. 83
Construction des toits, p. 84
Vanneaux de jour, p. 85

Nez, p. 86
La croix sur le carnet, p. 87
Marie brillante, p. 88
Brumes et reliefs, p. 89
Le sens du mot, p. 90
De plumes et de roses, p. 91
La souris et l'hippopotame, p. 92
Alpha, p. 93
Halo du temps, p. 94
Rayon de lune, p. 95
Matières, p. 96
Le même poème, p. 97
À l'approche, p. 98
Devant, p. 99
Sur la surface attendrie, p. 100
Les dialogues, p. 101
L'avant, p. 102
La mer si près, p. 103
Les points du cœur, p. 104
À tes côtés, p. 105
Ma bande dessinée, p. 106
Vénus et Jupiter, p. 107
Ton profil, p. 108
Libres chevaux, p. 109
Le goût suivi, p. 110
Ode bleue, p. 111

Le parc des moulins, p. 112
Les heures de thé, p. 113
Le panier de cerises, p. 114
Il est un mont, p. 115
J'offre au hasard, p. 116
Parure de temps p. 117
Clamer ce temps, p. 118
Soirée douce, p. 119
La ronde, p. 120
Quand la fleur du bonheur, p. 121
Ma veste de lune, p. 122
La parade des ailes, p. 123
Une dame de plus tard, p. 124
L'acrostiche, p. 125
Parce que les oiseaux chantent, p. 126
Si j'entends, p. 127
Vraiment Petit Prince, p. 128
Le dessin de la porte, p. 129
Braise d'écorce, p. 130
Je bois le silence, p. 131

REMERCIEMENTS

Je remercie mes proches pour leur amour au quotidien.

Je pense avec gratitude à l'école des chiens guides de Bordeaux et à Opium, ma chienne guide.

Je tiens à remercier particulièrement Chantal Lebrat de m'avoir fait confiance pour publier ce livre.

Mes remerciements vont également à l'équipe des éditions RENAISSENS, en tant que vecteur d'une belle aventure humaine et professionnelle.

Très reconnaissante envers les jeunes illustrateurs et illustratrices, je suis touchée par leur talent au service des auteurs, afin de créer une couverture vraiment unique dans le monde de l'édition. Un immense merci à Shi Min Yuan qui a totalement su capter mon ressenti grâce à son magnifique dessin rempli de lumière intérieure à partager.

CHEZ LE MÊME ÉDITEUR

COLLECTION COMME TOUT UN CHACUN

La Paix toute une histoire, essai, Sophie-Victoire Trouiller

Nouvelles du Temps qui passe, recueil, Michel Pain-Edeline

Un petit cimetière de Campagne, roman, Jacques Priou

De mon Amazonie aux confins du Berry, recueil, Irène Danon

T'occupe pas de la marque du vélo, pédale, roman, Cécile Meslin

De l'autre côté des étoiles, conte, Hervé Dupont

Pourquoi ?, réflexion autobiographique, Fabien Lerch

Sans domicile fixe - contes animaliers, Maurice Bougerol

Jusqu'à l'épuisement des Lumières, récit biographique, Sandrine Lepetit

COLLECTION VOIR AUTREMENT

L'Insurgée aux yeux d'ombre, roman, Diane Beausoleil

Pas si bête, roman, Clélia Hardou

COLLECTION LES MOTS DU SILENCE

Deux Mondes, témoignage, Christelle Luongkhan

Signence - la langue des signes, album de photos, poèmes et textes, Eve Allem et Jennifer Lescouët

Les Tribulations d'une malentendante, récit, Véronique Gautier

COUVERTURE

Illustration de Shi Min (Simon) Yuan, 12 ans, Chine.
Shi Min est chinois et coréen. Il étudie à la SCIS,
l'une meilleures écoles internationales
de Shanghaï et prend des cours de dessin.

Afin de sensibiliser les jeunes au handicap,
RENAISSENS confie l'illustration
de ses couvertures à des jeunes du monde entier.
Ce concours international s'inscrit dans un projet
"jeunesse, interculturalité et francophonie".
Il est encouragé par les alliances françaises à l'étranger.

Pour participer à la sélection des prochaines couvertures
rendez-vous sur la page du site Renaissens
http://www.renaissens-editions.fr/projet-jeunes/

ISBN : 9978-2-491157-26-5
Dépôt légal : décembre 2022